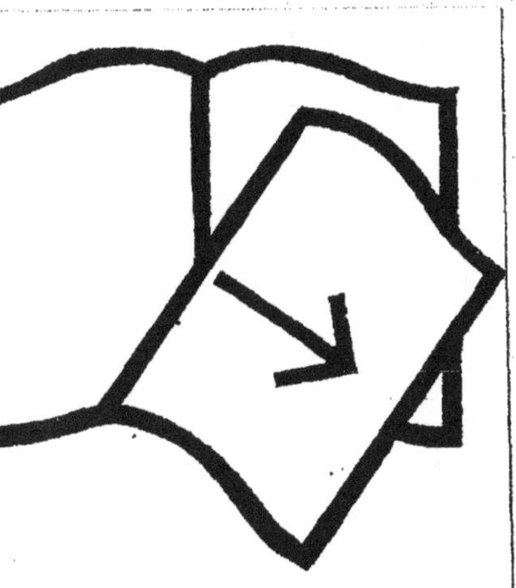

Couverture inférieure manquante

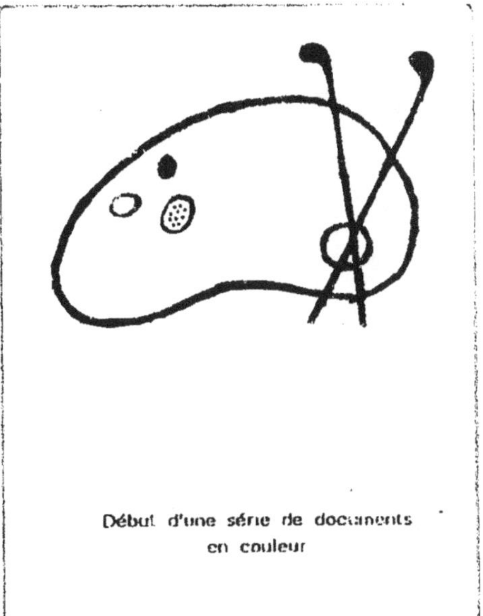

Début d'une série de documents
en couleur

COUVERTURE SUPERIEURE D'IMPRIMEUR

rnier.

Respectueux hommage de l'auteur
à Monsieur L. Delisle

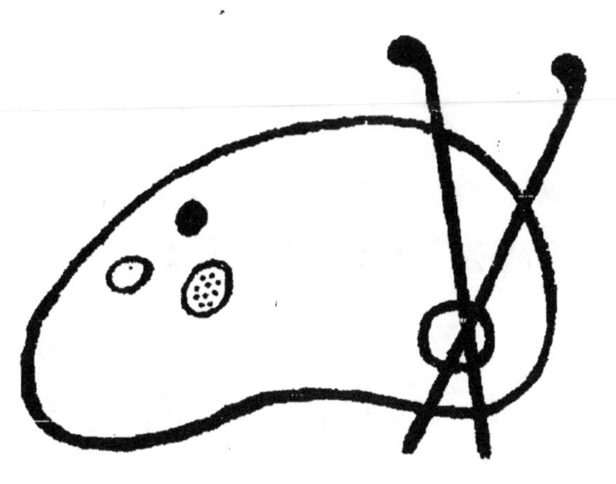

Fin d'une série de documents
en couleur

UNE

FORME PARTICULIÈRE

DES

FAUSSES DÉCRÉTALES

D'APRÈS

UN MANUSCRIT DE LA GRANDE-CHARTREUSE.

Le manuscrit n° 473 de la bibliothèque de la ville de Grenoble a été exécuté à la Grande-Chartreuse dans la seconde moitié du xii° siècle[1]. Il a été conservé à la Chartreuse jusqu'au commencement du xix° siècle, époque à laquelle les manuscrits chartreux furent transportés à la bibliothèque de la ville de Grenoble.

Ce manuscrit contient les Fausses Décrétales, suivies du *Liber Pontificalis*[2] et de la lettre adressée à Alexandre II par le clergé et le peuple de Florence pour lui apprendre le miracle de Pierre Igné[3]. M. Hinschius ne l'a point connu et par suite n'a pu l'utiliser pour la préparation de son édition des Fausses Décrétales ; le manuscrit de Grenoble a d'abord été signalé par M. de Schulte, qui, dans son *Iter Gallicum*[4], en a donné une description assez complète. Cependant, M. de Schulte n'a pas identifié les éléments les plus importants de cette collection.

1. Écrit sur parchemin, 269 feuillets ; 497 sur 352 millim. Reliure du xviii° siècle en basane à filets. Je désigne ce manuscrit par le numéro du nouvel inventaire, qui formera le tome VII de la collection in-8°, en cours de publication, des Catalogues des manuscrits des bibliothèques des départements. A la Grande-Chartreuse, il portait le n° 121, et plus tard, à la bibliothèque de Grenoble, il portait le n° 16.

2. Ce manuscrit a été étudié par M. l'abbé Duchesne pour son édition du *Liber Pontificalis* ; cf. t. I, p. cxc.

3. Cf. Migne, *Patrologie Latine, Acta S. Johannis Gualberti*, CXLVI, 797 et ss.

4. Tome LXIV des *Sitzungsberichte der philos.-histor. Cl. der kais. Akademie der Wissenchaften*, pp. 369 et ss.

Aussi ai-je cru utile d'étudier de nouveau l'œuvre du faux Isidore telle qu'elle s'offre à nous dans le manuscrit chartreux. J'ai constaté que les Fausses Décrétales s'y présentent sous une forme tout à fait exceptionnelle, dont notre manuscrit semble être, pour le moment, le seul exemplaire connu. En outre, j'y ai rencontré, insérées au milieu des documents qui constituent la compilation isidorienne, deux collections importantes de l'antiquité ecclésiastique : l'ancienne version latine du concile général d'Éphèse et la collection de lettres de saint Léon, appelée, par les Ballerini, collection XXIVe. Le présent mémoire n'a d'autre but que de faire connaître et de justifier ces conclusions.

Les manuscrits des Fausses Décrétales que M. Hinschius[1] a rangés dans la classe A[1] se divisent en trois parties : 1° les décrétales jusqu'à Miltiade ; 2° les décrets des conciles grecs, africains, galloromains et espagnols ; 3° les décrétales depuis Miltiade jusqu'à Grégoire II. De même, notre manuscrit est divisé en trois parties ; la première et la troisième répondent à la division habituelle ; la seconde partie comprend, comme il arrive dans les manuscrits de la classe A[1], des décrets de conciles, mais on verra que la composition en est profondément différente de celle des autres manuscrits de la compilation isidorienne.

Ire partie.

Cette partie de la collection est celle qui présente le moins de dérogations à l'ordre habituel. En tête de chaque décrétale est placée une *capitulatio* ; chaque *capitulatio* a reçu une numérotation spéciale. Les *capitula* diffèrent parfois, surtout par le nombre, de ceux que M. Hinschius a insérés en marge du texte. (Exemples : 1re lettre de saint Léon, 41 *capitula* ; 4e lettre, 5 *capitula* ; 5e lettre, 5 *capitula,* etc.)

Voici les éléments qui composent cette partie :

Fol. 1 : « In nomine Domini nostri Jesu Christi incipit prefatio sancti Ysidori Hispani episcopi in decretis pontificum. Isidorus peccator... »

Fol. 1 v° : « Incipit ordo de celebrando Concilio et orationibus primi diei, secundi ac tercii... Horâ diei... » (Cf. Hinschius, p. 22.) S'arrête à ces mots : « Conventus concilii absolvatur. » Ne contient pas les deux derniers alinéas donnés par M. Hinschius.

---

1. *Decretales Pseudo-Isidorianæ,* pp. XXVIII et ss.

Fol. 2 v° : « Incipit breviarium canonum Apostolorum, etc... »
(Rubrique comme dans Hinschius, p. 25.) Table de la première par‑
tie : 32 *capitula;* le premier est : « I. Canones Apostolorum
numero L; » les deux derniers sont : « XXXI. Decretorum Melciadis
pape epistola prima; XXXII. Epistola Constantini Augusti. » — Suit
la table particulière des canons des apôtres : « Incipiunt tituli cano‑
num Apostolorum numero quinquaginta : I, de ordinatione episcopi. »
Viennent enfin les canons eux-mêmes, comme dans l'édition Hins‑
chius, p. 27.

Fol. 4 : « Epistola Aurelii, Carthaginiensis episcopi, ad Damasum
papam. Gloriam sanctitatis vestre... (Hinschius, p. 27.) Rescriptum
Damasi pape Aurelio archiepiscopo in quo monet ut norma sancto‑
rum canonum, qui sunt Spiritu Dei conditi, ab omnibus episcopis
sciatur et diligenter tractetur. Scripta sanctitatis tue... » (Hinschius,
p. 24.)

Fol. 4 : Suivent, d'après l'ordre de l'édition de M. Hinschius, les
Fausses Décrétales depuis saint Clément jusqu'à Miltiade, avec cette
seule particularité qu'aux deux lettres de saint Corneille, qui se
trouvent habituellement dans la collection, une troisième a été ajoutée
en marge, au fol. 40 : c'est une lettre apocryphe de saint Corneille à
saint Cyprien, *Dilectionis tue* (Jaffé-Wattenbach, n° 447). L'ad‑
dition est de la même main qui a écrit le manuscrit.

Fol. 58 v° : « *Exemplar constituti domini Constantini Imperato‑
ris...* Incipiunt capitula (six chapitres)... In nomine... Ea que Salvator
et Redemptor noster... » (Cf. Hinschius, p. 249.)

IIe partie.

La seconde partie de notre collection est très différente de la
seconde partie de la compilation isidorienne. On n'y a inséré que
des documents relatifs aux six premiers conciles généraux, au
pseudo-concile romain de 284 évêques sous saint Silvestre et aux
conciles romains du pape saint Martin et de Grégoire II. L'auteur
de notre collection a omis tous les autres conciles, tant les conciles
africains que les conciles espagnols et ceux tenus dans d'autres
provinces.

Voici d'ailleurs la composition détaillée de cette partie :

CONCILE DE NICÉE.

Fol. 60 v° : « Quo tempore actum sit concilium Nicenum. Canones
generalium conciliorum... » (Hinschius, p. 254.)

Ibid. : « Incipit prefatio Niceni concilii. Beatissimo Silvestro in urbe Roma... » (Ibid., p. 254.)

Fol. 64 vᵒ : « Incipit prefacio ejusdem sacrosancti Concilii metrice composita...

« Concilium sacrum venerandi culmina juris. . . . . » (Ibid., p. 257.)

Fol. 64 vᵒ : « Incipit constitutio et fides ejusdem sancti et magni Niceni concilii, subditis capitulis suis. Credimus in unum Deum...

« Explicit fides in eodem concilio tractata. Incipiunt capitula ejusdem sancti Concilii. I. De eunuchis et qui se ipsos abscidunt......... XX. De diebus dominicis et Pentecostes, ut in eis stantes oremus.

« Cum convenisset hoc sanctum et magnum Concilium apud Nicenam civitatem, provincie Bithinie, statuta sunt ab eis hec que infra scripta sunt, ex greco in Latinum versa sermonem :

« I. Si quis in egritudine vel a medicis sectus est... » Suit la version dite Isidorienne des 20 canons de Nicée (forme de la Vulgate) [1].

Fol. 63 : « Incipit simbolum fidei ejusdem Niceni concilii : Credimus in unum Deum...

« Hec est fides quam exposuerunt patres... propter hoc quod Occidens non similiter inquisitionem de heresibus habuerit. » Le texte de ce dernier fragment n'est pas celui que donne Hinschius, d'après les manuscrits du faux Isidore, mais celui de la collection Quesnel [2].

« Et subscripserunt CCCXVIII episcopi qui in eodem concilio convenerunt. Osius episcopus civitatis Cordubensis, provincie Spanie, dixit : Ita credo... » Les évêques sont rangés par provinces ; la dernière est celle de Dacie ; les deux derniers noms sont : « Theophilus Guthias ; Canidos Bosphoron. Expliciunt nomina episcoporum Niceni concilii » (texte de l'*Hispana*) [3].

APOCRYPHES DE SAINT SILVESTRE.

Fol. 63 vᵒ : « Incipiunt decreta quedam ex synodalibus gestis sancti Silvestri Pape. Capitula : I : de magno concilio Niceno et de Arrio et Fotino Sabellioque atque sequacibus eorum damnatis (10 capitula). Temporibus sancti Silvestri pape... » (Hinschius, p. 449.)

Fol. 64 : Constitutum Silvestri : « Incipiunt canones Silvestri Pape. Eodem tempore cum multi nobiles gauderent quod Constantinus esset

1. Cf. Hispana, dans Migne, *Patrologie latine*, LXXXIV, 93.
2. Voir ce texte dans Maassen, *op. cit.*, p. 40. Cf. Hinschius, p. 260.
3. Migne, LXXXIV, 98.

baptizatus a Silvestro... » — Prologue et canons du concile apocryphe
de 284 évêques; le texte du prologue se rapproche beaucoup du texte
de la II[a] *editio*[1]. Les canons, dont le texte est très corrompu, offrent
les variantes signalées par Mansi (dans son supplément à l'édition
des conciles de Coleti) comme fournies par le manuscrit d'Isidore
conservé à Lucques[2]. On y trouve notamment ce canon, qui n'est pas
dans l'édition Coleti et devrait prendre place au n° 11 : « Nulla sema-
tha monachorum oportet fieri, nisi xxv etatis anno, ut jam evacuato
omni fervore diaboli, inveniat sibi mundum vas Spiritus Sancti[3]. »

Il faut remarquer que ce texte du *constitutum* omet les noms des
membres du concile : « Nomina autem episcoporum ascribi per lon-
gum visum est... »

CONCILE DE CONSTANTINOPLE.

Fol. 65 v° : « Incipit synodus que facta est Constantinopoli adversus heresim Macedonianam ab episcopis numero CL sub Theodosio
majore, Siagrio et Evenerio consulibus.

« I. Custodiendam esse fidem patrum trecentorum decem et octo.

« II. Ut episcopi suam diocesim gubernent nec ad alias accedant.

« III. Non invitatos episcopos ultra diocesim propriam accedere non
debere.

« IIII. De ecclesiis in barbaricis gentibus positis.

« V. De honore Constantinopolitani episcopi.

« VI. De Maximo Cinico philosopho.

« VII. De fide symboli apud Constantinopolim constituti.

« He regule sive definitiones sunt exposite ab Episcopis CL...

« I. Non spernendam esse fidem patrum trecentorum decem et octo
qui in Niceo Bithinie convenerunt, sed manere eam ratam oportet[4]

. . . .

« Symbolum : Credimus in unum Deum patrem omnipotentem...
Confitemur unum baptisma in remissionem peccatorum ; expectamus
resurrectionem mortuorum et vitam futuri seculi. Amen[5].

« Et subscripserunt centum quinquaginta episcopi qui in eodem

1. *Concilia*, éd. Coleti, I, 1581.

2. Cf. Mansi, supplément à Coleti, I, 137; Hinschius, p. XLIII.

3. Sur ces canons et en général sur les apocryphes qui se rattachent à saint
Silvestre; voir le *Liber Pontificalis*, éd. de M. l'abbé Duchesne, pp. CXXXIV et ss.
de l'introduction. *Le constitutum Silvestri* ne figure pas habituellement dans les
manuscrits du faux Isidore.

4. Texte de l'*Hispana*. Migne, LXXXIV, 137.

5. Texte de l'*Hispana* (version isidorienne), plus les souscriptions.

concilio convenerunt : Nectarius Constantinopolitanus Provincie Egypti : Timotheus Alexandrinus; Dorotheus Cyriceta... »

A la fin de la liste : « Provincie Pontis Palemoniaci : Artabius per Cilum lectorem. »

« Explicit canon Concilii Constantinopolitani. »

CONCILE D'ÉPHÈSE.

Ici le manuscrit de Grenoble se sépare des autres manuscrits des Fausses Décrétales pour reproduire (fol. 66 et ss.) une version ancienne du concile d'Éphèse souvent citée dans les documents de l'antiquité ecclésiastique. Cette version se présente sous trois formes : celle du manuscrit de Tours, celle du manuscrit de Vérone et celle des manuscrits de Salzbourg et de Beauvais[1]. La forme que présente notre manuscrit diffère de chacun de ces types, tout en se rapprochant sensiblement de celui du manuscrit de Tours.

On sait que Baluze a donné une édition de ce texte d'après les manuscrits de Tours et de Beauvais. La version ainsi établie a été reproduite dans la collection des conciles de Coleti[2] et dans celle de Mansi[3]. Pour déterminer plus facilement les caractères du texte contenu dans le manuscrit chartreux, je l'ai rapproché du texte dressé par Baluze et reproduit dans l'édition Coleti. Il convient de donner ici le résultat de ce rapprochement.

Fol. 66 : « Incipit translatio primi Ephesini concilii. Tractatus primus beati Cyrilli, Alexandrini episcopi, de Incarnatione Domini, ad totius Egipti monachos contrà Nestorium Constantinopolitarum episcopum. Venerunt quidem aliqui eorum qui vobiscum sunt... » (Cf. édit. Coleti, col. 1 et 13[4].)

---

1. Maassen, *Geschichte der Quellen des Canonischen Rechts*, I, pp. 721 et ss. Le texte de l'ancienne version a été publié par Baluze dans la *Nova collectio Conciliorum*. Baluze s'était servi de trois manuscrits : le manuscrit de Colbert, celui de Saint-Julien de Tours et celui de Beauvais. Son édition laisse beaucoup à désirer.

2. *Concilia*, IV, 1 et ss.

3. *Concilia*, V, 446 et ss. Mansi a placé en tête de ce texte des listes qui donnent l'ordre des documents composant l'ancienne version dans trois manuscrits, le manuscrit Vatic. 1319, celui du Mont-Cassin et celui de Vérone. Cet ordre diffère de celui qui est suivi par le manuscrit chartreux. Sur les différents manuscrits de ce texte, consulter Maassen, *Bibliotheca Latina juris canonici manuscripta*, dans les *Sitzungsberichte* de l'Académie impériale de Vienne, classe de philosophie et d'histoire, t. LIII, pp. 384 et 392; t. LIV, pp. 198 et 209.

4. T. IV, Venise, 1728. Les indications données ici se réfèrent toutes au texte de Baluze reproduit par Coleti.

Cette lettre est conforme au texte imprimé jusqu'à ces mots :
« Dicet aliquis forsan vel ex causâ » (ms., fol. 67 v°, 2ᵉ col.; édition,
col. 9). A cet endroit s'opère dans le texte du manuscrit un brusque
changement que n'annonce aucun signe extérieur : suit immédiate-
ment, sans solution de continuité, la dernière partie de l'*epistola
Cyrilli episcopi Alexandrie ad eos qui in scripto eum accusaverunt.*
Cette partie commence à ces mots : « Quis non dicit Dei genitricem esse
Mariam ? » (Cf. édit. Coleti, col. 17.)

Il y a donc dans le manuscrit chartreux une lacune correspondant
à huit colonnes environ de l'édition Coleti. Ces huit colonnes com-
prennent :

1° La fin de la lettre de saint Cyrille : *Venerunt quidem.*

2° Les lettres *Viri modesti* et *Nihil mansuetudine* (nᵒˢ 2 et 3 de
l'édition Coleti).

3° Enfin le début de la lettre de saint Cyrille à ses accusateurs.

Cette lacune provient évidemment de l'enlèvement d'un cahier dans
le manuscrit qui a servi de type au manuscrit chartreux. Ce caractère
servira peut-être un jour à classer notre manuscrit, parce qu'il per-
mettra de reconnaître le manuscrit d'après lequel il a été transcrit.

Fol. 67 v° : « Contestatio publice proposita missa Constantinopolim
a Cyrillo. Conjuro accipientem... » (Édit., col. 17.)

Fol. 68 : « Epistola Cyrilli, Alexandrine urbis episcopo, ad Nestorium : Oblocuntur quidem... » (Édit., col. 19.) — Ce document est,
comme dans l'édition, suivi de la lettre à Nestorius : « Injurias quidem... » (Édit., col. 23-26.)

Suit, dans le manuscrit, la mention suivante : « Suscipiens autem
archiepiscopus Rome Celestinus quaterniones expositionis ipsius Nestorii per Antiochum et inveniens eos plenos blasphemiis, insuper
etiam admonitus ab archiepiscopo Cyrillo quod non reciperet Nestorius
consilium aut admonitionem ad recte sapiendum, scripsit ei et ipse
Celestinus excommunicationis epistolam, definiens etiam decem die-
rum inducias. Est enim hec :

« Epistola Celestini Pape ad Nestorium... Aliquantis diebus... »
(Édit., col. 38.)

Fol. 70 v° : « Ejusdem Celestini epistola ad clerum a populum
Constantinopolitanum. Ad eos michi... » (Édit., col. 38.)

Fol. 72 v° : « Epistola Celestini Pape, Johanni Antiocheno, Juvenali Hierusolomitano, Rufo Tessalonicensi, etc. Optaremus... »
(Édit., col. 40.)

Fol. 72 v° : « Epistola Celestini Pape ad Cyrillum... Tristicie nostre... Data III Idus Augusti Theodosio XIII et Valentiniano III consulibus... » (Édit., col. 38[1].)

Fol. 72 v° : « Epistola Cyrilli episcopi ad Acacium Beroee. Vehementer et contristatum... » (Édit., col. 40.)

Fol. 73 v° : « Epistola Acacii episcopi ad Cirillum episcopum. Legi litteras... » (Édit., col. 44.)

Fol. 73 v° : « Epistola Cyrilli Alexandrini episcopi Juvenali Hierusolomitano episcopo... Optabam quidam... » (Édit., col. 43.)

Fol. 73 v° : « Epistola Cyrilli episcopi ad quemdam zelotem... Novimus tue dilectionis... » (Édit., col. 45.)

Fol. 73 v° : « Epistola Cyrilli episcopi Alexandrini ad Johannem Antiochenum episcopum... Cognovit omnino... » (Édit., col. 43.)

Fol. 74 v° : « Epistola Johannis Antiocheni ad Nestorium Constantinopolitanum episcopum... Meam intentionem... » (Édit., col. 46.)

Fol. 75 : « Epistola synodica Cyrilli Alexandrini episcopi ad Nestorium Constantinopolitanum episcopum. Salvatore nostro dicente aperte... » (Édit., col. 27-36.)

Fol. 76 : « Epistola ejusdem scripta ad clerum et populum Constantinopolitanum. Vix quidem aliquando... » (Édit., col. 36.)

Fol. 76 v° : « Epistola Imperatorum ad Cyrillum Alexandrinum episcopum. Imperatores Cesares Theodosius et Valentinianus... Cure multe est... » (Édit., col. 49-54.)

Fol. 77 : « Item epistola Imperatorum ad Cyrillum Alexandrinum episcopum. Imperatores... Pendet in Dei cultura... » Explicit : « Non bone esse conscientie demonstratur. Data XIII kal. decembris Constantinopoli. » (Sans autre notation. Édit., col. 53.)

Fol. 77 v° : « Epistola Johannis Antiocheni episcopi cum jam sacrum concilium Ephesi convenisset. Domino meo... Cyrillo. Neque mediocriter mordet... » (Édit., col. 54.)

Ibid. : « Exemplar monumentorum que gesta sunt in Epheso à sancto Concilio super depositione Nestorii. Post consulatum dominorum nostrorum Flavii Theodosii XIII et Flavii Valentiniani III Imperatorum Augustorum, x kal. julii... » La lettre des empereurs, *Pendet in Dei cultura*, est annoncée par les premiers mots qui suivent le discours de Juvénal, évêque de Jérusalem ; mais le texte, donné au fol. 77 v°, n'en est pas répété.

Fol. 80 v° : Au cours des *Monumenta Concilii* sont rapportées les autorités des Pères, commençant par l'extrait suivant : « Petri sancti

---

1. Baluze iit : Data IV Idus Augusti.

episcopi et martyris, ex codice de Deitate : Quoniam et vere gratia et veritas... » C'est la version publiée par Baluze dans les *Concilia*, p. 65, non celle de Marius Mercator. (Cf. *Marii Mercatoris Opera*, édition Baluze. Paris, 1684, p. 175.)

Le manuscrit est ensuite conforme à l'édition Baluze-Coleti. Toutefois, il ne contient pas les lettres du pape Célestin à l'empereur Théodose le Jeune et à Cyrille d'Alexandrie : « Sufficiat licet » et « Intelligo sapientiam... » (Édit., col. 90.)

Après la lettre du concile au pape Célestin : « Tue quidem sanctitatis... » (ms., fol. 99 v°; édit., col. 159), on lit dans le manuscrit[1] :

« Mandatum injunctum à sancto Concilio his qui missi sunt ab eo Constantinopolim, ut causam cum Orientalibus dicerent : Deo amantissimo... Jussi à piissimis... » Ce texte se rapproche, sans y être absolument conforme, du texte du même document donné par l'édition de Bâle et reproduit dans l'édition Coleti, col. 162[2]. Les *inscriptiones* manquent dans le manuscrit.

Fol. 101 : « Relatio missa à Synodo Imperatoribus per supradictos et destinatos episcopos : Piissimis et à Deo custoditis... Omnia quidem vestri imperii laudabilia sunt... » L'édition Coleti donne deux textes de ce document (col. 165 et 166); celui qui se trouve dans notre manuscrit est le texte de la *vetus editio* et non celui de l'édition de Bâle.

Fol. 101 v° : « Mandatum injunctum ab Orientalibus his qui missi sunt ab eis Constantinopolim... Sancta Synodus Ephesi celebrata... Quoniam ecclesiastici negotia... » Texte de la *vetus editio* et non de l'édition de Bâle (Coleti, col. 169). L'ordre du manuscrit est ensuite conforme à l'ordre de l'édition Coleti.

Fol. 103 v° : « Sacra imperialis ad Johannem Antiochenum episcopum... Imperatores Cesares... Intentio nobis correctio pacis est... » L'édition Coleti (col. 175-176) donne deux textes de ce document : celui du manuscrit Colbert et celui du manuscrit de Beauvais. Notre manuscrit suit le texte du manuscrit Colbert.

Fol. 103 v° : « Libellus datus archiepiscopo Cyrillo à Paulo episcopo Emiseno. Piissimi atque victores... » (Édit., col. 179.)

---

1. Le manuscrit chartreux ne contient pas les lettres du pape Célestin à Théodose, du même à Maximien de Constantinople, au clergé de Constantinople et au concile d'Éphèse, qui se trouvent à cette place dans le manuscrit de Beauvais. Cf. édition Coleti, col. 162.

2. L'édition Coleti reproduit en regard du texte de Bâle un autre texte, celui de la *vetus editio*.

Fol. 102 v° : « Epistola Johannis Antiocheni ad sanctum Cyril-lum... Dudum per sanctionem... » L'édition reproduit deux textes, celui du manuscrit Colbert et celui du manuscrit de Beauvais; le manuscrit chartreux suit le manuscrit Colbert.

Fol. 103 v° : « Epistola sancti Cyrilli Johanni Antiocheno. Exultent celi et letetur terra... » (Édit., col. 181.)

Le manuscrit suit l'édition Coleti jusqu'à la fin de la *Translatio prima Ephesini Concilii*, qui se termine par l'*Epistola Cyrilli Alexandrini episcopi ad Acacium episcopum Melitinæ... Causa qui-dem dulcis... Explicit : « Te que nobiscum est in Domino salutat. Explicit translatio primi Ephesini Concilii. »

CONCILE DE CHALCÉDOINE.

Fol. 107 : « Incipit Calcidonensis synodus sexcentorum triginta episcoporum habita contrà omnes hereses, maxime adversus Euthi-cen et Dioscorum, Valentiniano septies et Anino consulibus, era CCCCLXXXVIIII, consul(a)tu piissimi et amatoris Christi Flavii Martiani... » Texte qui se retrouve dans l'*Hispana* et dans les Fausses Décrétales (Hinschius, pp. 282 et ss.). Le manuscrit de Grenoble donne, dans le même ordre, le discours de Pulchérie, les acclamations en l'honneur de Marcien, le discours de l'archidiacre Aétius, le sym-bole de Nicée, le « Symbolum CL patrum » de Constantinople et le fragment : « Suffecerat quidem... anathema fieri. »

« Incipiunt regule Ecclesiastice promulgate à Calcedonensi sancto Concilio; numero XXVII. Incipiunt capitula (27) : I : De canonibus uniuscujusque concilii. XXVII : De his qui rapiunt puellas.

« Regulas sanctorum patrum per singula nunc usque concilia cons-titutas proprium robur obtinere decrevimus. I. Si quis episcopus per pecuniam fecerit ordinationem... » Ces canons sont donnés, non d'après le texte inséré dans l'*Hispana*, mais d'après celui de la *Dyo-nisio-Hadriana*; le manuscrit ne comprend que 26 canons, le pre-mier n'ayant pas été mis en série [1].

Fol. 109 v° : « Et subscripserunt universi episcopi quorum ista sunt nomina : Paschasius episcopus, vicarius Domini mei beatissimi atque Apostolici universalis Ecclesie pape Leonis... »

A la fin : « Provincie Africe. Valerianus Bassianensis; Valerianus Afrus. Expliciunt nomina episcoporum. »

---

1. Cf. *Codex Canonum* (éd. Pithou, 1687), pp. 97 et ss.

« Postquam recitatum est, piissimus Imperator ad sanctum Concilium dixit : Dicat sanctum Concilium[1]... »

« Incipit Edictum Imperatoris in confirmatione Concilii Calcedonensis. Imperatores Valentinianus et Martianus... Tandem aliquando[2]... »

Fol. 114 v° : « Incipiunt nonnulle sanctiones sparsim collecte actionis prime sancti et magni Calcedonensis concilii... Cum in Dei nomine sub die octavo idus octobris... Beatissimi atque apostolici viri pape urbis Rome, que est caput omnium ecclesiarum, precepta habemus pre manibus... » Le passage cité en premier lieu se termine par ces mots : « Aut ille egrediatur, aut nos exibimus[3]. » Suit une série d'extraits des *Actiones* du concile de Chalcédoine qui se retrouvent dans divers manuscrits pseudo-isidoriens[4].

Fol. 115 : « Incipit actio undecima (ejusdem Concilii). Consultu domini nostri Martiani... » C'est le texte ancien donné par Crabbe[5] et non celui de Coleti[6]. Il faut remarquer que cette *actio undecima* a trouvé place dans plusieurs manuscrits des Fausses Décrétales[7].

CONCILE DE CONSTANTINOPLE, 5e concile général.

Fol. 117 : « Incipiunt capitula sancti quinti concilii Constantinopoli celebrati sub Justiniano Augusto :

« I. Si quis non confitetur Patris et Filii et Spiritus sancti unam naturam... »

« XIV. His igitur ità confessis a nobis, que et accepimus de divina scriptura... Si autem monachus aut laicus fuerit, anathematizabitur[8]. » Se trouve dans divers manuscrits des Fausses Décrétales[9].

CONCILE TENU PAR LE PAPE SAINT MARTIN.

Fol. 118 : « Incipiunt decreta sinodica Martini Pape contrà Theo-

---

1. Hinschius, p. 288.
2. Ibid.
3. Crabbe, *Concilia*, 1, 740 (édit. Cologne, 1551).
4. Hinschius, pp. XXXI, XXXIII, LXXI.
5. *Concilia*, 1, 911.
6. T. IV, col. 1602 et ss.
7. Hinschius, p. LII. Voyez aussi le manuscrit des Fausses Décrétales provenant de Cluny, décrit par M. L. Delisle, *Inventaire des manuscrits de la Bibliothèque nationale, fonds de Cluny*, p. 150.
8. Cette version est publiée dans Crabbe, II, 89.
9. Cf. Hinschius, p. LII, et, pour le manuscrit de Cluny, voir *op. cit.*, p. 150.

dorum et Cyrum quondam episcopos ac socios eorum hereticos, damnantis eos quod unam naturam et unam voluntatem atque operationem in Filio asserebant. Que transcribens misit per orthodoxos viros in Orientem atque Occidentem.

« I. Si quis non confitetur secundum sanctos patres...

« XX. Si quis secundum sceleratos hereticos...

« His itaque à nobis pie definitis...

« Et subscripserunt Martinus Papa et ceteri episcopi ; numero centum quinque. »

Ces décrets se trouvent dans certains manuscrits des Fausses Décrétales[1].

CONCILE DE CONSTANTINOPLE, 6e concile général.

Fol. 119 : « Que secuntur ex Constantinopolitana synodo XL sumpta sunt. Cum leditur fides parentum, reverentia velut inutilis... » Suivent des extraits, très courts en général, des actes de ce concile. J'en signale quelques-uns :

Fol. 119 : « Constantinus episcopus dixit : Confiteor duas naturas in Dominum Christum indivise, inconfuse... » Finit à ces mots : « Duas operationes similiter naturales[2]. »

Fol. 119 v° : « Sancta synodus exclamavit : Merito Macharius ab episcopatu alienatur ; nudetur à circumposito pallio... Interrogatur iterum si recte crederet, et reliqua[3]. »

Ces extraits se terminent par quelques fragments de la lettre *Regi regum* du pape Léon II, confirmative de ce concile[4]. Le premier commence à ces mots : « O sancta Mater Ecclesia, depone pallium moeroris... » Ces fragments, tirés des dernières parties de la lettre, finissent par ces mots : « Ut auctorem in ministro dignanter suscipiat, » comme la lettre elle-même. On lit ensuite dans le manuscrit :

« Sanctum concilium dixit : Transeat in medium Getor Deo amabilis diaconus et cartophilax, tactisque propositis sacrosanctis Christi

---

1. Par exemple le manuscrit de Cluny (*op. cit.*, p. 150); les manuscrits Vatic., 1344; Bibl. nat., Sorbonne, 729, et Navarre, 7, etc.; cf. Hinschius, p. xxxvii, xxxviii et li. Le texte de notre manuscrit est quelque peu différent du texte de l'édition Hardouin (XV, 260) et de celui de l'édition Coleti (VII, 358).

2. Crabbe, II, 316. C'est le texte de Crabbe, et non celui donné par Coleti, VII, 767. A rapprocher des extraits du manuscrit de Cluny, *op. cit.*, p. 150.

3. Crabbe, II, 721; Coleti, VII, 787.

4. Crabbe, II, 411 et ss.; Coleti, VII, 1147 et ss.

Dei nostri Evangeliis satisfaciat nobis si presignati hi duo libri et volumina quomodo ea invenit et in bibliotheca venerabilis patriarche percepit, ita etiam nunc sunt. Tangens igitur proposita sacrosancta Dei eloquia idem Deo amabilis diaconus et cartophilax Getor dixit : Per istas sanctas virtutes et Deum qui locutus est per eas cum veritate, hi duo libri membranaei libri sancti quinti Concilii sunt et reliqua. »

CONCILE TENU PAR GRÉGOIRE II.

Fol. 119 : « Incipiunt constituta secundi Gregorii Pape sub anathemate interdicta... » Ce texte, qui figure dans les Fausses Décrétales, y est généralement placé à la fin de la troisième partie ; c'est à cette place qu'il figure dans l'édition de M. Hinschius[1]. Notre manuscrit ne contient pas la liste de noms qui, dans l'édition, se trouve au début des décrets ; en revanche, le texte finit par la liste des souscriptions qui se retrouvent dans la *Dionysio-Hadriana*.

CAPITULA ANGILRAMNI.

Fol. 120 v° : « Capitula Angilramni. Incipiunt capitula que ex grecis et latinis canonibus et sinodis romanis atque decretis presulum ac principum Romanorum sparsim collecta sunt, et Engiltranno Mediomatrice urbis episcopo Rome a beato papa Adriano sunt tradita. Sub die tercio decimo kalendarum octobrium, indictione nona, quando pro sui negotii causa agebatur, Dei ordinatione, etc.[2]. »

IIIe partie.

La troisième partie comprend les Décrétales depuis saint Marc, pape, jusqu'à saint Grégoire ; cette partie diffère sur plusieurs points importants de l'édition des Fausses Décrétales donnée par M. Hinschius. Je signalerai en leur lieu ces différences :

Fol. 122 v° : « Incipiunt capitula epistolarum decretalium venerabilium apostolicorum Romane ecclesie sequentis operis. » Suit la table de 204 décrétales ; ce chiffre est exact. Le premier article est : « Epistola Athanasii et universorum Egyptiorum episcoporum ad Marcum papam. » Le dernier est : « Cujus supra (Gregorii I) ad Secundinum, servum Dei. »

1. P. 753.
2. Cf. Hinschius, p. 757.

Fol. 123 v° : « Epistola Athanasii et universorum Egyptiorum episcoporum ad Marcum S. Romanæ sedis papam, quâ postulant ab eo
sibi mitti plenaria Niceni concilii exemplaria sub tuta stipulatione, et
quod LXX (*sic*) sint capitula Niceni concilii. » Le document est publié
par Hinschius, p. 451, avec une *inscriptio* différente.

Fol. 124 : « Incipiunt capitula in prima epistola Marci » (3 chap.).
Suit le texte. Voir le document dans Hinschius, p. 452.

Fol. 124 v° : « Incipiunt decreta Julii pape de fide in sancto Romano
tractata concilio... » Suit le texte. Hinschius, p. 454.

Fol. 125 : « Incipiunt capitula in epistola Julii pro omnibus Orientalibus episcopis directa » (8 chap.). Suit le texte. Le document,
sans *capitula*, se trouve dans Hinschius, p. 456.

Fol. 126 : Lettres des Orientaux au pape Jules, de Jules aux Orientaux, d'Athanase à Libère et de Libère à Athanase, comme dans
Hinschius, pp. 462-478.

Fol. 130 v° : « Incipiunt capitula in epistola secunda Liberii »
(2 chap.). Suit le texte de ce document, qui offre quelques variantes
sur le texte de M. Hinschius, p. 494. La décrétale commence par ces
mots : « Nichil est quod staret nisi Dei gratia » (Hinschius : « In
nichilum est quod nos stare fateamur nisi Dei gratia »). Le texte
s'arrête à ces mots : « Intemerata permaneant in futuro; » on n'y
trouve pas, comme dans le texte de M. Hinschius, l'addition emprun-
tée à Ennodius. On remarquera que la place assignée par notre manuscrit à ce document n'est pas la même que celle qui lui est donnée
dans la publication de M. Hinschius; cette modification se retrouve
dans plusieurs manuscrits[1].

Fol. 131 v° : « Incipiunt capitula in epistola Athanasii Alexandri-
norum episcopi et omnium Egiptiorum episcoporum Felici pape, successori videlicet Liberii, directa » (10 pages). Suit la lettre, qui est
aussi publiée par M. Hinschius[2], mais avec une autre *inscriptio* et
sans *capitula*. Les mots : « Successori videlicet Liberii » semblent
introduits dans l'*inscriptio* de notre manuscrit pour justifier la modification dans l'ordre ordinaire des décrétales; en effet, dans la plupart
des manuscrits, cette lettre, comme celles de Félix, est placée avant
la seconde lettre de Libère.

Fol. 132 v° : Les deux lettres de Félix (Hinschius, pp. 484-491).
La seconde s'ouvre par cette *inscriptio* : « Epistola ejusdem pape

1. Hinschius, pp. XLIII et XCVI.
2. P. 478.

Felicis universis prefatis episcopis et reliquis domini sacerdotibus. »
Suit une table de quatre *capitula*. L'*inscriptio* et la *capitulatio* ne se
trouvent pas dans l'édition de M. Hinschius.

Fol. 135 : Lettres de Damase. 1° Lettre à Paulin. Dilectissimo fratri
Paulino Damasus. Per filium meum Vitalem... (Cf. Hinschius, p. 498.)
Manquent les trois lettres qui suivent dans l'édition d'Hinschius.
Viennent ensuite les lettres d'Étienne à Damase, de Damase à Étienne,
précédées d'une *capitulatio* contenant deux chapitres (Hinschius,
pp. 501 et 502) ; la décrétale de Damase sur les chorévêques (Hinschius,
p. 509), aussi précédée d'une *capitulatio* où sont indiqués deux chapitres ; l'*Epistola Damasi urbis Rome pontificis, Quoniam apostolice
sedis!..* (Hinschius, p. 516) ; la *Professio fidei catholice* en 25 chapitres (Hinschius, p. 516, 24 chap.) ; la lettre de Damase aux évêques
d'Illyrie, avec une *inscriptio* différente de celle que donne M. Hinschius
(qui *post Felicem* pontificatus jura suscepit ; l'édition d'Hinschius
donne *post Liberium*) ; la lettre de Damase aux évêques d'Italie (Hinschius, p. 519).

Fol. 140 : Les trois lettres de Sirice (Hinschius, pp. 520-525).

Fol. 142 : Les deux lettres d'Anastase (Hinschius, pp. 526-527).

Fol. 142 v° : Les trente lettres du pape Innocent Ier, dans le même
ordre et avec les mêmes *inscriptiones* que dans l'édition de M. Hinschius (pp. 527-553).

Fol. 154 : Deux lettres de Zosime, quatre de Boniface, trois de
Célestin, une de Sixte : le tout conforme à l'édition de M. Hinschius,
pp. 553-565.

Fol. 159 v° : Lettres de saint Léon. Collection comprenant
73 lettres : 69 de saint Léon, et en outre la lettre de Flavien à saint
Léon, la lettre de saint Pierre Chrysologue à Eutychès, celle d'Eusèbe
de Milan à saint Léon et celle de Ravennius et des autres évêques des
Gaules à saint Léon (voir ci-dessous, n°s 4, 6, 49 et 50).

Voici l'ordre de ces lettres : 1° Ad Euthicen Constantinopol. abba-
tem : Ad noticiam nostram... (Jaffé-Wattenbach, *Regesta Pontificum Romanorum*, n° 418) ; 2° Leo Theodosio Aug. : Quantum presidii (n° 421) ; 3° Ad Flavianum : Cum christianissimus (n° 420) ;
4° Flavianus ad Leonem : Nulla res... (Ballerini, *S. Leonis Magni
Opera*, I, p. 758) ; 5° Flaviano Constantinopolitano episcopo : Lectis
dilectionis tue (n° 423) ; 6° Epistola Petri episcopi Ravennensis ad
Euticen presbiterum[1] : Tristis legi... (Ballerini, *S. Leonis Magni*

____

1. Omise dans l'édition de Merlin.

Opera, I, p. 175) ; 7° Leo ad Julianum : Licet per... (n° 429) ; 8° Ad Theodosium Augustum : Quantum rebus... (n° 424) ; 9° Ad Pulcheriam : Quantum presidii... (n° 425) ; 10° Ad Dioscorum : Quantum dilectioni tue (n° 406) ; 11° Ad Ephesinam synodum : Religiosa clementissimi principis (n° 427) ; 12° Ad Constantinopolitanos : Licet de his... (n° 447) ; 13° Ad Theodosium Aug. : Litteris clementie vestre... (n° 438) ; 14° Ad Pulcheriam : Si epistole... (n° 439) ; 15° Ad eamdem : Gaudere me... (n° 448) ; 16° Ad Martinum Faustumque presbiteros : Bonorum operum... (n° 449) ; 17° Theodosio Aug. : Omnibus quidem... (n° 452) ; 18° Pulcherie Aug. : Gaudeo fidei... (n° 453) ; 19° Ad eamdem : Religiosam clementie... (n° 475) ; 20° Ad Faustum : Causa fidei... (n° 454) ; 21° Ad Martianum Aug. : Sanctum clementie (n° 474) ; 22° Ad Martianum Aug. : Quamvis per (n° 462) ; 23° Ad eumdem : Poposceram... (n° 470) ; 24° Ad eumdem : Multam mihi fiduciam... (n° 463) ; 25° Ad Anatholium : Licet sperem (n° 465) ; 26° Ad synodum Chalcedonensem : Optaveram (n° 473) ; 27° Ad Anatholium : Gaudemus in Domino (n° 460) ; 28° Ad eumdem : Diligentiam necessarie (n° 531) ; 29° Ad eumdem : Manifestato sicut... (n° 483) ; 30° Ad Martianum Aug. : Magno munere... (n° 481) ; 31° Ad Pulcheriam : Sanctis et Deo placitis... (n° 482) ; 32° Ad Martianum Aug. : Multa mihi... (n° 491) ; 33° Ad eumdem : Puritatem fidei... (n° 506) ; 34° Ad eumdem : Quod sepissime... (n° 508) ; 35° Ad Julianum episcopum Choensem : Agnovi in dilectionis tue litteris... (n° 489) ; 36° Ad Martianum Aug. : Quam excellenti pietate... (n° 487) ; 37° Ad Pulcheriam Aug. : Multis extantibus... (n° 488) ; 38° Ad eamdem : Quod semper... (n° 459) ; 39° Ad Julianum episcopum Choensem : Litteras dilectionis tue quas per filium meum... (n° 494) ; 40° Ad Eudochiam Aug. : Quanta mihi... (n° 499) ; 41° Ad Julianum episcopum : Sepissime dilectionem... (n° 501) ; 42° Ad Palestinos : Sollicitudini mee... (n° 500) ; 43° Ad Theoderitum : Remeantibus... (n° 495) ; 44° Ad Julianum episcopum : Christanissimi principis fidem... (n° 503) ; 45° Ad Anatholium : Lectis dilectionis tue litteris... (n° 540) ; 46° Ad eumdem : Si firmo... (n° 509) ; 47° Ad synodum Calcidonensem : *Omnem quidem fraternitatem...* (n° 490) ; 48° Ad Juvenalem : Acceptis... (n° 514) ; 49° Eusebii Mediolani episcopi : Reversis... ; 50° Ravenii et aliorum episcoporum Gallorum : Perlata ad nos epistola... ; 51° Rescriptum beati Leonis pape episcopos per Gallias constitutos. Leo Ravennio, Rustico..., et ceteris Optassemus quidem... (n° 479) ; 52° Ad Martianum episcopum de Pascha : Tam multis documentis... (n° 497) ; 53° Ad Eudochiam Aug. :

Sancte memorie Theophilus ad. Aug. Theodosium seniorem scribens[1]...; 54° Ad Leonem Aug. : Multo gaudio..: (n° 539); 55° Ad eumdem : Promississe... (n° 542); 56° Ad Athanasium : Quanta fraternitati (n° 411); 57° Ad Septimum Altinum : Lectis fraternitatis tue litteris... (n° 399); 58° Ad Aquileiensem episcopum : Relatione... (n° 398); 59° Ad episcopos Campanie : Magna indignatione commoveor... (n° 545); 60° Ad universos episcopos per Campaniam et Picenum et Tusciam et per universas provincias constitutos : Ut nobis gratulationem facit... (n° 402); 61° Ad Nicetam : Regressus... (n° 536); 62° Ad Januarium : Lectis fraternitatis tue litteris... (n° 416); 63° Ad Dorum Beneventanum : Judicium quod de te sperabamus... (n° 417); 64° Ad universos episcopos per Siciliam : Divinis preceptis... (n° 414); 65° Ad universos episcopos per Italiam : In consortium... (n° 405); 66° Ad Neoniam, Ravennatensem episcopum : Frequenter... (n° 543); 67° Ad Africanos : Cum in ordinationibus... (n° 410)[2]; 68° Ad episcopos Germaniarum et Galliarum : Cum in Dei nomine... (décrétale pseudo-isidorienne, n° 551 ; Hinschius, p. 628); 69° Ad universos episcopos per Viennensem provinciam constitutos : Divine cultum religionis... (n° 407); 70° Ad Ravennium, Arelatensem episcopum : Provectionem... (n° 435); 71° Ad Theodorum : Sollicitudinis... (n° 485); 72° Ad Rusticum : Epistolas fraternitatis... (n° 544); 73° Incipiunt capitula in epistola ad Torvulum Austorigensem (18 capitula) : Leo Torvulo episcopo Aust : Quam laudabiliter... (n° 412).

Cette collection des lettres de saint Léon est incontestablement la collection XXIV d'après le classement des Ballerini[3]. De part et d'autre, il est possible de constater l'identité des matières et de l'ordre d'après lequel elles sont rangées. En effet :

1. C'est en réalité la lettre CXXII de l'édition des Ballerini. Cf. Ballerini, I, 1232. Cette lettre est adressée à l'évêque Julien (Jaffé-Wattenbach, n° 498). L'erreur de l'*inscriptio* est ancienne et a été signalée par Quesnel et les Ballerini. Notre manuscrit porte d'ailleurs ces mots en note, en regard de cette lettre : « Hujus epistole prime partes deesse videntur. »

2. C'est la *versio decurtata* de cette lettre, la même qui est publiée dans Merlin. Cf. Ballerini, 1, 669.

3. Cette collection a été conservée dans divers manuscrits. Quesnel en a connu trois, à savoir : le manuscrit de saint Victor, celui de Rigny, abbaye cistercienne du diocèse d'Auxerre, et celui de saint Marien, abbaye de Prémontrés du même diocèse. Les Ballerini ajoutent à cette liste quatre manuscrits : deux conservés au Vatican (voir plus bas, page 18, note 2), un manuscrit de la Laurentienne (14, Pluteo 21) et un manuscrit des Mineurs conventuels de Césène. Cf. Præfatio in Epistolas S. Leonis, p. xxv. Il faut ajouter à cette liste le manuscrit de Grenoble.

1° Comme la collection XXIV, notre manuscrit comprend trois groupes de lettres :

A. — Les 39 lettres de la collection dite *Isidoriana* (collection X des Ballerini)[1]. Elles répondent, dans le manuscrit chartreux, aux n°s 1, 3, 4, 5, 6, 11, 13, 14, 15, 16, 17, 18, 20, 38, 27, 22, 24, 25, 23, 26, 30, 29, 32, 33, 34, 55, 73, 65, 64, 60, 62, 72, 56, 61, 67, 71, 66, 10, 59.

B. — Un groupe de 17 lettres qui, ajoutées aux précédentes, forment la collection XI des Ballerini. Ce sont, dans notre manuscrit, les lettres qui portent les n°s 43, 49, 50, 48, 9, 12, 42, 58, 7, 8, 47, 28, 54, 45, 46, 63 et 68.

C. — Enfin 17 autres lettres qui complètent la collection XXIV et qui se présentent dans notre manuscrit sous les n°s 57, 69, 2, 70, 21, 19, 51, 31, 36, 37, 35, 39, 52, 53, 40, 41 et 44.

2° Non seulement le manuscrit chartreux contient les mêmes matériaux que les manuscrits de la collection XXIV : bien plus, les matériaux y sont disposés dans le même ordre. J'ai pu constater cette identité grâce à l'obligeance de M. Henry Stevenson junior, auquel je suis redevable de précieuses indications sur deux manuscrits du Vatican contenant la collection XXIV; je veux parler du Vatic. 544 et du Reg. lat. 139, signalés par les Ballerini[2]. S'il existe des diffé-

---

1. Ibid., § 11.

2. D'après les renseignements que me fournit M. Stevenson, ces deux manuscrits sont du xiiᵉ siècle.

Le Vat. 544 est écrit sur parchemin à deux colonnes : il est haut de 370 mm. et large de 260 mm.; il est relié en peau rouge, aux armes de Pie VI. La pagination, qui est du xivᵉ ou du xvᵉ siècle, correspond à l'état actuel du manuscrit, qui compte 192 feuillets. Le manuscrit contient d'abord des sermons de saint Léon, puis les lettres, qui sont précédées d'une table et commencent au fol. 115. On trouve, après les lettres de saint Léon, les documents suivants (fol. 159) : « 1° Epistola Aurelii Carthaginensis episcopi ad omnes episcopos per Bizanzenam... Dilectissimis...; 2° Excerpta ex gestis habitis contrà Pelagium...; 3° Dogma Pelagii heretici...; 4° Dogma catholicorum... »

Ce manuscrit porte au bas de la marge inférieure du dernier feuillet la mention : « Liber sancte Marie de Fontelleto (Fonteneto?), » écrite au xiiᵉ siècle.

Le manuscrit Reg. lat. 139 est écrit sur parchemin et relié en parchemin blanc : 210 feuillets, de 287 sur 210 millim.; initiales souvent ornées de miniatures représentant des animaux fantastiques. Origine inconnue. On y trouve, avant la collection de lettres, des sermons de saint Léon. La collection des 71 lettres s'ouvre au fol. 80, elle est précédée d'une table. La collection de lettres est suivie des mêmes documents que dans le Vat. 544, et en outre d'autres documents : « 1° Fides Leonis Pape... Ad ecclesie filios...; 2° Canones precipiunt

rences, elles sont de peu d'importance. J'ajoute que le manuscrit chartreux, comme les manuscrits du Vatican, changent en « Torvulus » le nom de Turribius, évêque d'Astorga, destinataire de la lettre n° 73 [1].

Viennent, après les lettres de saint Léon, dans le manuscrit chartreux :

Fol. 129 v° : Cinq lettres concernant le pape Hilaire (M. de Schulte, dans son *Iter Gallicum*, n'en indique que trois) : 1° Décret synodal, *Quoniam religiosus* (Hinschius, p. 630) ; 2° Ascanius et les évêques de la province de Tarragone à Hilaire, *Quam curam...*; 3° Les mêmes à Hilaire, *Etiamsi nulla...*; 4° Hilaire à Ascanius, *Postquam litteras* (Hinschius, p. 631) ; 5° Hilaire à Ascanius, *Divine circa nos* (Hinschius, p. 632). Toutes ces lettres ont été publiées par Merlin, mais dans un ordre différent (1, 4, 5, 2, 3) ; l'édition de M. Hinschius, comme l'*Hispana*, n'en contient que trois.

Fol. 194 : Quatre lettres du pape Simplice : 1° A Zénon, évêque de Séville : *Plurimorum* (Hinschius, p. 632) ; 2° A Jean, évêque de Ravenne : *Si quis esset intuitus...* (Jaffé-Wattenbach, n° 583 ; non publié par M. Hinschius) ; 3° A Florentius, etc. : *Relatio nos...* (Jaffé-Wattenbach, n° 570 ; non publié par M. Hinschius) ; 4° Acace au pape Simplice, *Sollicitudinem* (Hinschius, p. 632). Ces quatre lettres ont été publiées par Merlin dans le même ordre.

Fol. 195 : Trois lettres de Félix III, sept de Gelase, une d'Anastase, dix de Symmaque, comme dans l'édition de M. Hinschius, p. 633-686.

Fol. 218 v° : Douze lettres d'Horsmidas : « 1° Incipit epistola Justini imperatoris Horsmidæ directa. Quo fuimus... » (Thiel, I, p. 941.)

in prima synodo legendas epistolas beati Leonis pape quas scripsit ad Flavianum de erroribus Euthicis... Qui ab episcopis...; 3° Sermo beati Leonis de Nativitate Domini primus, etc. »

Il est peut-être bon de signaler ce fait que la collection de lettres de saint Léon, publiée par Merlin dans son édition des conciles, t. I (j'ai sous les yeux l'édition de 1524), comprend d'abord les 71 lettres de notre collection, dans le même ordre ; elles sont suivies des documents qui se trouvent dans le Vat. 544 à la suite des lettres de saint Léon, et enfin d'autres lettres, qui portent à 99 le nombre des lettres de la collection de Merlin. Il résulte de cette observation que la collection XXIV a dû servir de point de départ à la collection de Merlin, ainsi que l'ont remarqué les Ballerini (præf., p. xiii).

1. Les manuscrits du Vatican ne contiennent ni la lettre de Flavien à saint Léon, ni celle de saint Pierre Chrysologue à Eutychès (n°° 4 et 6 de notre collection).

2° « Exemplar precum Deo amabili ac piissimo imperatori. Haurite aquam cum leticia... » (Merlin, fol. 222.)

3° Les dix lettres qui se trouvent dans l'édition de M. Hinschius, pp. 688-694.

Fol. 223 : Trois lettres de Jean Ier. Les deux premières sont insérées dans l'édition d'Hinschius, p. 694. La troisième, qui est, dans notre collection, attribuée par erreur à Jean Ier, est en réalité la lettre de Jean II à Avienus et autres, *Olim quidem* (Jaffé-Wattenbach, n° 884; non publiée par M. Hinschius).

Fol. 225 : Les deux fausses décrétales de Félix IV (Hinschius, p. 694).

Fol. 227 : La lettre de Boniface, *Olim et ab...* (Hinschius, p. 703).

Fol. 227 v° : Les décrets de Jean II, *Scripta tuæ Sanctitati* (Hinschius, p. 705).

Fol. 228 : La lettre d'Agapit, *Multo gaudio* (Hinschius, p. 706).

Fol. 228 v° : La lettre d'Amator au pape Silvère et la réponse de Silvère, comme dans l'édition de M. Hinschius, p. 708. Suit l'*Epistola Silverii in damnatione Vigilii*, insérée par M. Hinschius au milieu des lettres de saint Léon (p. 628).

Fol. 229 : La lettre de Vigile « ad Euterium » (*sic*) : c'est la lettre de Vigile *ad Profuturum* (Hinschius, p. 740). Suivent les lettres de Pélage, de Jean III, de Benoît, de Pélage II, comme dans l'édition de M. Hinschius.

Fol. 235 v° : Neuf fragments concernant saint Grégoire le Grand : 1° Décret *Regnante* (Hinschius, p. 746) ; 2° « Epistola de expositione diversarum rerum ad Augustinum » (Ibid., p. 738) ; 3° et 4° Les deux lettres à Léandre de Séville, *Respondere, Sanctitatis tuæ* (Hinschius, pp. 732 et 733) ; 5° Lettre à Recarède, *Explere* (Hinschius, p. 734) ; 6° Lettre à Etherius de Lyon, etc., *Caput nostrum* (Jaffé-Wattenbach, n° 1747) ; 7° Lettre à Brunehaut, *Postquam excellentie...* (Jaffé-Wattenbach, n° 1743) ; 8° et 9° Lettres à Théotiste, *Magnas*, et à Secundinus, *Dilectionis tue* (Hinschius, pp. 742 et 735). La collection de Grenoble contient donc deux lettres de plus que l'édition de M. Hinschius[1].

En résumé, voici quels sont les principaux caractères de la collection des Fausses Décrétales, telle qu'elle se présente dans le manuscrit de Grenoble :

---

1. Elle est sur ce point conforme au Vat. 1344. Cf. Hinschius, p. xxxvii.

1º La première partie comprend une troisième lettre de saint Corneille, adressée à saint Cyprien, tout aussi apocryphe que les deux qui la précèdent et se trouvent habituellement dans les Fausses Décrétales.

2º La seconde partie ne comprend que des documents relatifs aux six premiers conciles généraux et à quelques conciles romains apocryphes ou authentiques, à savoir : le pseudo-concile, soi-disant tenu par saint Silvestre, pour condamner Calliste en même temps qu'Arrius, Sabellius et Photin ; le *constitutum Silvestri* (concile apocryphe de 284 évêques), négligé habituellement dans les manuscrits du faux Isidore ; les conciles tenus par les papes saint Martin et Grégoire II[1]. On a omis tous les autres conciles grecs, africains, gallo-romains et espagnols, qui sont empruntés ordinairement à l'*Hispana* par les manuscrits des Fausses Décré-tales classés sous la lettre A[1]. On a donné un développement assez considérable au concile de Chalcédoine, au sujet duquel on a inséré divers fragments qui se retrouvent dans certains manuscrits des Fausses Décrétales ; enfin, on a introduit dans le manuscrit l'an-cienne et importante version du concile d'Éphèse intitulée : *Trans-latio Concilii Ephesini.*

3º Le manuscrit de Grenoble a dans cette partie abandonné sur divers points l'*Hispana* pour faire quelques emprunts à la collec-tion *Dyonisio-Hadriana* (canons de Chalcédoine ; souscriptions qui suivent le concile de Grégoire II). Il a emprunté à la collection Quesnel le texte d'un fragment relatif au concile de Nicée (v. plus haut, p. 4).

4º Les Capitula Angilramni sont placés à la fin de la seconde partie.

5º Dans la troisième partie, la seconde lettre du pape Libère est placée à la suite de la première, au lieu d'être rejetée après les lettres de Félix. Visiblement, le compilateur de notre collection tient à établir que Félix a succédé à Libère ; on retrouve la trace de cette préoccupation dans l'*inscriptio* de la lettre d'Athanase à Félix et dans celle de la lettre de Damase aux évêques d'Illyrie.

---

1. Le concile de saint Martin contre Théodore et les autres hérétiques est donné par certains manuscrits des Fausses Décrétales ; le concile de Grégoire II est souvent inséré, mais il est en général rejeté dans la troisième partie de la collection.

Ce trait est d'ailleurs commun à divers manuscrits du faux Isidore[1].

6° Le manuscrit de Grenoble ne contient ni les trois apocryphes de Damase à Jérôme, de Jérôme à Damase et de Damase à Paulin[2], ni le fragment *de sacerdotibus*[3]. Il se rapproche par ce trait des manuscrits des Fausses Décrétales classés par M. Hinschius sous la lettre B, et aussi du Vatic. 630, classé sous la lettre C par le même savant[4].

7° Les lettres de saint Léon ne se présentent pas sous la forme ordinaire. Le rédacteur du manuscrit de Grenoble a inséré en entier la collection de lettres de ce pape classée par les Ballerini sous le nom de collection XXIV.[5].

8° Outre les lettres du pape Hilaire publiées par M. Hinschius, on trouve dans la collection de Grenoble deux lettres d'Ascanius et des évêques de la province de Tarragone. Ces lettres, qui ont été publiées par Merlin dans son édition des Conciles, figurent aussi dans un manuscrit des Fausses Décrétales de la classe A (Bibl. nat., lat. 3852). On les trouve encore dans les manuscrits de la classe C, où elles sont accompagnées d'une troisième lettre[6].

9° La collection de Grenoble comprend quatre lettres se rapportant au pontificat de Simplice, tandis que deux seulement figurent dans l'édition de M. Hinschius. Cette particularité peut être aussi constatée dans divers manuscrits[7] des Fausses Décrétales, classe C.

10° En ce qui touche le pontificat d'Horsmidas, notre manuscrit est conforme aux manuscrits de la classe C ; il contient, comme eux, la lettre de Justin et l'*Exemplar precum*[8]. Il est conforme aussi à l'ordre du manuscrit Vaticanus 1344, manuscrit classé sous la lettre A[1] par M. Hinschius[9].

---

1. *Cf. Hinschius, p. xcvi. Sur la légende dont s'inspire notre manuscrit pour transformer le rôle de Félix, on peut consulter le Liber Pontificalis, édition de M. l'abbé Duchesne, introduction, pp. cxxiii et ss.*

2. Hinschius, pp. 498-499.

3. Ibid., p. 516.

4. Ibid., pp. lix et lxi.

5. Ibid., pp. xxviii et lxx.

6. Ibid., p. lxx.

7. Ibid., p. lxx.

8. Ibid., p. xxxvii.

9. Ibid., p. lxxi.

11° Comme dans les manuscrits de la classe C, la *damnatio Vigilii* est placée avec les lettres de Silvère et non au milieu des lettres de saint Léon[1]. Ce trait est d'ailleurs commun à ces manuscrits[2] et au Vat. 1344.

12° Notre manuscrit donne deux lettres de saint Grégoire qui sont omises dans l'édition de M. Hinschius. Ici encore le manuscrit chartreux est conforme au Vat. 1344 ; cependant il ne contient pas les extraits de lettres de saint Grégoire signalés dans le manuscrit 1344.

Telles sont, en résumé, les plus importantes des marques caractéristiques de la collection de Grenoble. Sans doute, parmi ces caractères, il en est qui sont communs à notre manuscrit et à divers autres manuscrits des Fausses Décrétales ; cependant ces traits communs ne suffisent pas pour nous permettre de rattacher le manuscrit de Grenoble à un type connu de l'œuvre d'Isidore. On ne peut donc y voir qu'une forme exceptionnelle de la collection isidorienne[3].

Un point est certain : l'auteur de notre collection a voulu remplacer le recueil de conciles provenant de l'*Hispana* par un recueil contenant uniquement les six premiers conciles généraux et ceux des conciles romains qu'il jugeait particulièrement importants ; c'est pourquoi la deuxième partie des Fausses Décrétales porte dans le manuscrit de Grenoble ce caractère insolite qu'elle ne comprend aucun concile africain, espagnol ou gallo-romain. Comme on l'a vu plus haut, notre compilateur a pris un peu partout les documents qu'il y a insérés, employant à la fois l'*Hispana*, la *Dyonisio-Hadriana*, la *Translatio primi Ephesini Concilii* et divers documents conciliaires qui avaient, à diverses reprises, été ajoutés à l'œuvre d'Isidore (comme les *Sanctiones* du concile de Chalcédoine, les décrets du pape saint Martin, etc.)[4].

1. Hinschius, p. xxxvii.
2. Ibid., p. xxxvii.
3. C'est la conclusion de M. de Schulte, *Iter Gallicum*, p. 380.
4. Il y a bien des traits d'analogie entre notre collection et celle qui est insérée au manuscrit 2253, nouvelles acquisitions, de la Bibliothèque nationale. Ce manuscrit, qui date des environs de l'an 1000, provient de Cluny ; il ne paraît pas avoir été connu de M. Hinschius ; il a été décrit par M. L. Delisle sous le n° 78 de l'*Inventaire du fonds de Cluny*. On n'y trouve que les décrétales depuis saint Clément jusqu'à saint Grégoire le Grand ; les conciles de l'*His-*

Rapprochons maintenant cette édition revue de l'œuvre d'Isidore des deux autres ouvrages qui l'accompagnent dans le manuscrit de Grenoble : à savoir le *Liber Pontificalis* et le récit du miracle de Pierre Igné. Visiblement ce manuscrit, par sa composition, répond exactement à la double tendance qui animait les chartreux dans la seconde moitié du XIIe siècle ; dévouement à la papauté, dont ils soutiennent sans défaillance le légitime représentant, Alexandre III, et zèle pour la réforme du clergé, dont ils donnent à la fois le conseil et l'exemple. Le *Liber Pontificalis* contient l'histoire de la papauté ; le récit du miracle de Pierre Igné est fort goûté, au XIIe siècle, des partisans de la réforme ecclésiastique ; quant aux Fausses Décrétales, elles attestent à la fois la puissance de la papauté et son zèle pour l'œuvre de la réforme. On voit à quelle pensée a obéi le chartreux qui, au XIIe siècle, réunissait ces œuvres diverses dans le même manuscrit.

Faut-il aller plus loin ? Est-il permis de croire qu'un chartreux, — le même peut-être, — ait été l'auteur de cette forme anormale sous laquelle le ms. de la Chartreuse nous présente les Fausses Décrétales ; en d'autres termes, que cette forme soit née à la Grande-Chartreuse ? Sans doute, pendant le XIIe siècle, les chartreux transcrivirent avec beaucoup de zèle des œuvres

---

pana ont été omis. A la suite des décrétales sont placés quelques documents qui se retrouvent dans la seconde partie de notre manuscrit : ainsi les décrets du pape saint Martin, ceux du concile tenu par Grégoire II, les *Sanctiones* du concile de Chalcédoine, les documents concernant le cinquième et le sixième concile général. A raison de ces analogies on aurait pu être tenté de formuler l'hypothèse suivante : l'auteur de la compilation de Grenoble est un chartreux qui, par suite des relations entre son monastère et celui de Cluny, a connu le manuscrit des Fausses Décrétales conservé à Cluny ; il en a tout naturellement tiré un certain nombre d'éléments qui ont pris place dans sa collection. Mais cette hypothèse n'est nullement démontrée : 1° parce que plusieurs de ces éléments se retrouvent, comme on l'a indiqué plus haut, dans d'autres manuscrits des Fausses Décrétales ; 2° parce que, en ce qui concerne les lettres de saint Léon, le manuscrit de Grenoble ne suit nullement la collection du manuscrit de Cluny (je dois cette observation à l'obligeante érudition de mon confrère M. H. Omont). Il serait donc téméraire d'affirmer que le rédacteur de la collection de Grenoble a eu sous les yeux le manuscrit de Cluny ; je reconnais d'ailleurs que cette conjecture n'est pas invraisemblable si l'on veut bien se rappeler que l'échange des manuscrits était fréquent au XIIe siècle entre la Grande-Chartreuse et Cluny (voir la lettre XXIVe du livre Ier des lettres de Pierre le Vénérable, et L. Delisle, *Inventaire du fonds de Cluny*, p. x).

nombreuses de l'antiquité ecclésiastique; sans doute, ils s'efforcèrent d'apporter dans l'accomplissement de cette œuvre une certaine critique, par exemple lorsque, sous la direction du prieur Guigues, ils entreprirent de séparer dans les lettres de saint Jérôme les documents authentiques des pièces apocryphes[1]. Il n'est donc nullement impossible qu'un chartreux ait entrepris de donner des Fausses Décrétales une édition revue et corrigée. Mais il est également possible que le chartreux auteur de notre manuscrit ait emprunté cette forme des Fausses Décrétales à un manuscrit antérieur, peut-être perdu, peut-être encore inconnu. Aussi, dans l'état actuel de nos connaissances, il serait téméraire de trancher définitivement cette question.

Paul FOURNIER.

1. Voir la lettre de Guigues, cinquième prieur de la Chartreuse, dans *Patrologie latine*, CLIII, 593. Une collection de lettres de saint Jérôme, ainsi expurgée par les soins de Guigues, est contenue dans un manuscrit du XIIe siècle qui portait le n° 469 dans le catalogue de vente des manuscrits du collège de Clermont.

(Extrait de la *Bibliothèque de l'École des chartes*, t. XLIX, 1888.)

Nogent-le-Rotrou, imprimerie DAUPELEY-GOUVERNEUR.